한국을 빛낸 100명의 위인들에

+

더하고 싶은
한국을 빛낸 위인들

CQ 놀이북
한국을 빛낸 100명의 위인들에
더하고 싶은 한국을 빛낸 위인들

2019년 06월 01일 1판 1쇄 발행
2024년 11월 10일 1판 9쇄 발행

글 조아라
그림 수아
펴낸이 구모니카
디자인 김해연
마케팅 신진섭

펴낸곳 M&K
등록 제7-292호 2005년 1월 13일
주소 고양시 일산서구 고양대로 255번길 45. 903동 1503호(대화동,대화마을)
전화 02-323-4610
팩스 0303-3130-4610
E-mail sjs4948@hanmail.net
ISBN 979-11-87153-28-3 73910

※ 정가는 뒤표지에 있습니다. 잘못된 책은 바꾸어 드립니다.
※ 이 도서의 국립중앙도서관 출판시도서목록(CIP)은 e-CIP홈페이지
   http://www.nl.go.kr/ecip와 국가자료공동목록시스템
   http://www.nl.go.kr/kolisnet에서 이용하실 수 있습니다.(CIP2019020684)

조야라 글 | 수아 그림

들어가는 말

저는 여덟 살 때부터 일기를 썼어요. 아직도 책장에 옛날 일기장들이 꽂혀 있어서 가끔 심심할 때 꺼내 본답니다. 지금 보면 부끄럽기도 하고 우습기도 해요. 그중 아홉 살 때 오빠와 싸운 이야기는 지금 읽어 봐도 억울한 마음이 그대로 전해진답니다. 라면을 서로 더 먹겠다고 싸우다 엄마한테 혼난 일이었어요. 그런데 나중에 어른이 되어서 오빠와 이야기하며 저는 놀라운 사실을 알게 되었어요. 사실 그때 오빠랑 라면을 더 먹겠다고 서로 싸운 게 아니었단 거죠. 라면을 끓이기 전에는 안 먹겠다고 해서 하나만 끓였는데 막상 끓이자 딱 한입만 먹겠다며 자꾸 뺏어 먹어서 싸우게 된 것이었어요. 제 일기장에는 엄마가 끓여준 라면을 나누어 먹어야 하는데 오빠가 욕심을 부려서 화가 났다고 쓰여 있었는데 말이죠. 역사란 단순히 과거에 일어난 일이 아니라 누구의 시선에서 기록하는지가 정말 중요하다는 것을 다시 한번 느끼게 된 순간이었어요.

역사는 과거에 있었던 모든 일을 다 기록한 것이 아니에요. 역사를 기록하는 역사가가 중요하다고 판단한 일들을 자세하게 적는 것이지요. 같은 일이라도 입장에 따라 전혀 다른 판단을 할 수 있어요. 그래서 역사가는 옛일을 오늘날의 눈으로 보고 내일을 생

각하며 기록한답니다. 우리가 역사를 공부하는 것도 단순히 과거를 지나가버린 사실로만 흘려보내지 않고 오늘날의 교훈으로 삼아 내일을 설계하기 위함이에요. 우리가 지금 이렇게 존재할 수 있는 것도 우리의 과거, 즉 역사를 통해 가능한 일이니까요.

'한국을 빛낸 100명의 위인들'이란 노래를 들으며 왜 이 사람은 여기에 들어가지 않았을까? 하는 생각을 할 때가 많았어요. 그래서 이번에 한국을 빛냈지만 100명에 들어가지 않은 위인들을 추가로 책을 쓰게 되었지요. 이 20명 말고도 여러분의 마음에 왜 이 사람은 들어가지 않았지? 하는 위인들도 있을 거예요. 이 책을 다 읽은 후 여러분 스스로 내 마음의 위인들 명단을 적어보는 것도 좋겠어요.

2019년 5월

조아라

차례

우리 민족의 큰 스승 김구 ••••• 12

푸른 눈의 조선인 벨테브레이 (박연) ••••• 18

신분을 뛰어넘은 여성 사업가 김만덕 ••••• 24

최고의 의학서 《동의보감》을 쓴 허준 ••••• 30

목숨을 걸고 바른말을 한 내시 김처선 ••••• 36

실리를 중시한 비운의 임금 **광해군** ●●● 42

조선의 독도 지킴이 **안용복** ●●● 48

조선 왕조를 설계한 **정도전** ●●● 54

한양을 건설한 조선 최고의 건축가 **박자청** ●●● 60

식민지 조선의 자전거 영웅 **엄복동** ●●● 66

 노비 해방 운동의 선구자 **만적** ···· 72

 세계 최초의 태교책을 쓴 **이사주당** ···· 78

 금관가야를 세운 **김수로왕** ···· 84

 한류 열풍의 원조 달마도를 그린 **김명국** ···· 90

 신라 발전의 주춧돌을 놓은 **지증왕** ···· 98

 세계 최초의 비행기를 만든 **정평구** ···· 104

임시정부의 이론가 **조소앙** •••• 110

독립 운동가 **김규식** •••• 116

일제가 가장 무서워했던 독립 운동가 **김원봉** •••• 122

세계 최강 당나라 군대를 물리친 **양만춘** •••• 128

책 속 부록 한국을 빛낸 100명의 위인들 노래가사 •••• 134

더하고 싶은 한국위인들 컬러링 •••• 135

우리 민족의 큰 스승
김구

연대 : 1876~1949
시대 : 일제 강점기
직업 : 독립운동가

김구는 어릴 때 못생긴 얼굴 때문에 자신감이 없었어요. 하지만 공부를 통해 마음이 잘생긴 사람으로 살아야겠다고 다짐했지요. 나라를 사랑하는 마음이야말로 가장 아름다운 마음이라 굳게 믿었어요. 일본이 우리나라를 침략하자 나라를 구하기 위해 일본에 대항하는 비밀결사대인 신민회에 참여하며 감옥에 갇히게 되었어요. 김구는 청년기 때 세 차례에 걸쳐 7년간이나 감옥 생활을 하였어요. 백범이라는 호와 이름도 감옥에서 정한 것이지요. 백범은 당시 가장 천한 신분이었던 백정에서 '백'을, 평범한 사람을 뜻하는 '범'을 따서 '백범'으로 지었다고 해요. 김구 선생님이 어떻게 살고 싶었는지 짐작할 수 있지요.

3·1 운동이 일어나자 김구는 중국 상하이에 있는 대한민국 임시정부로 갔어요. 이후 주석이 되어 27년간 임시정부를 보호하고 발전시키며 국내와 해외의 독립운동을 이끌었어요.

 이런 김구를 체포하기 위해 일본은 60만 원이라는 거액의 현상금을 내걸었어요. 지금 가치로 따지면 200억에 이르는 어마어마한 돈이지요.

김구가 중국에서 독립운동을 하며 쓴 일기인 《백범일지》는 독립운동의 역사를 알려 주는 귀중한 자료랍니다.

김구는 해방이 되고 나서 남북이 갈라진 상황을 안타깝게 생각했어요. 그래서 우리 힘으로 완전한 나라를 이루어야 한다고 강조했어요. 민족통일을 간절히 바라던 김구는 1949년 안두희가 쏜 총에 맞아 서거하였어요. 그러나 김구의 나라 사랑은 지금도 국민들 가슴에 남아 있답니다.

《백범일지》

《백범일지》는 김구가 대한민국 임시정부에서 일할 때 일기를 쓰듯 기록한 자서전이에요. 20여 년 동안의 독립운동 활동이 담겨 있어 우리나라 독립운동의 역사가 담겨 있지요. 항일 독립운동은 언제 죽을지 모르는 위험한 일이었어요. 그래서 김구는 여러 사람들의 민족 독립운동 활동을 유서 대신 《백범일지》에 기록했다고 해요.

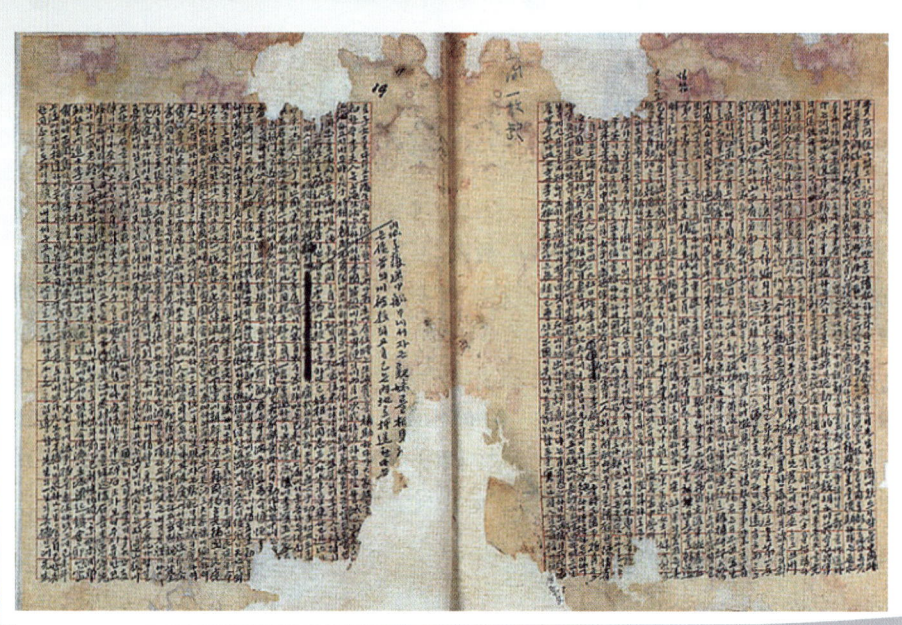

<나의 소원>

네 소원이 무엇이냐? 하고 하느님이 물으시면…
나는 서슴지 않고 "내 소원은 대한 독립이오." 하고 대답할 것이다.
그다음 소원은 무엇이냐 하면……
나는 또 "우리나라의 독립이오." 할 것이요.
또 그다음 소원이 무엇이냐?
하는 셋째 번 물음에도……
나는 더욱 소리를 높여서
"나의 소원은 우리나라 대한의 완전한 자주독립이오."라고 대답할 것이다.

<나의 소원>은 완전한 자주독립과 통일 국가를 바라는 김구의 마음이 담겨 있어요. 이 글을 발표할 당시 우리나라는 친미파와 친소파로 나뉘어 민족의 사상이 극도로 흔들리며 불안했어요. 김구는 동포들이 자주적인 사상을 정립하는 데 도움을 주기 위해 이 글을 썼답니다.

푸른 눈의 조선인
벨테브레이(박연)

연대 : 1595~ ?
시대 : 조선
직업 : 군인

네덜란드의 선원인 벨테브레이는 일본으로 항해하던 중 풍랑을 만났어요. 바다에서 표류하다 제주도에 도착하여 조선의 왕, 인조가 있는 한양으로 올라가게 되었어요.

인조는 처음 보는 서양인인 벨테브레이를 조선에 남게 했어요.
 나라의 힘을 키우기 위해서는 무기가 필요했는데 벨테브레이는 대포를 만들 수 있었거든요. 네덜란드의 대포인 홍이포를 제작하고 조종할 수 있었지요. 벨테브레이는 나라를 지키는 훈련도감에서 일하게 되었어요. 조선은 벨테브레이의 도움으로 한층 발전된 화포 기술을 갖게 되었답니다. 벨테브레이는 조선의 무과 시험에도 합격하여 이름을 박연으로 바꾸고 조선의 백성이 되었어요. 청나라와의 전쟁인 '병자호란'이 일어나자 조선을 위해 싸우기도 했어요.

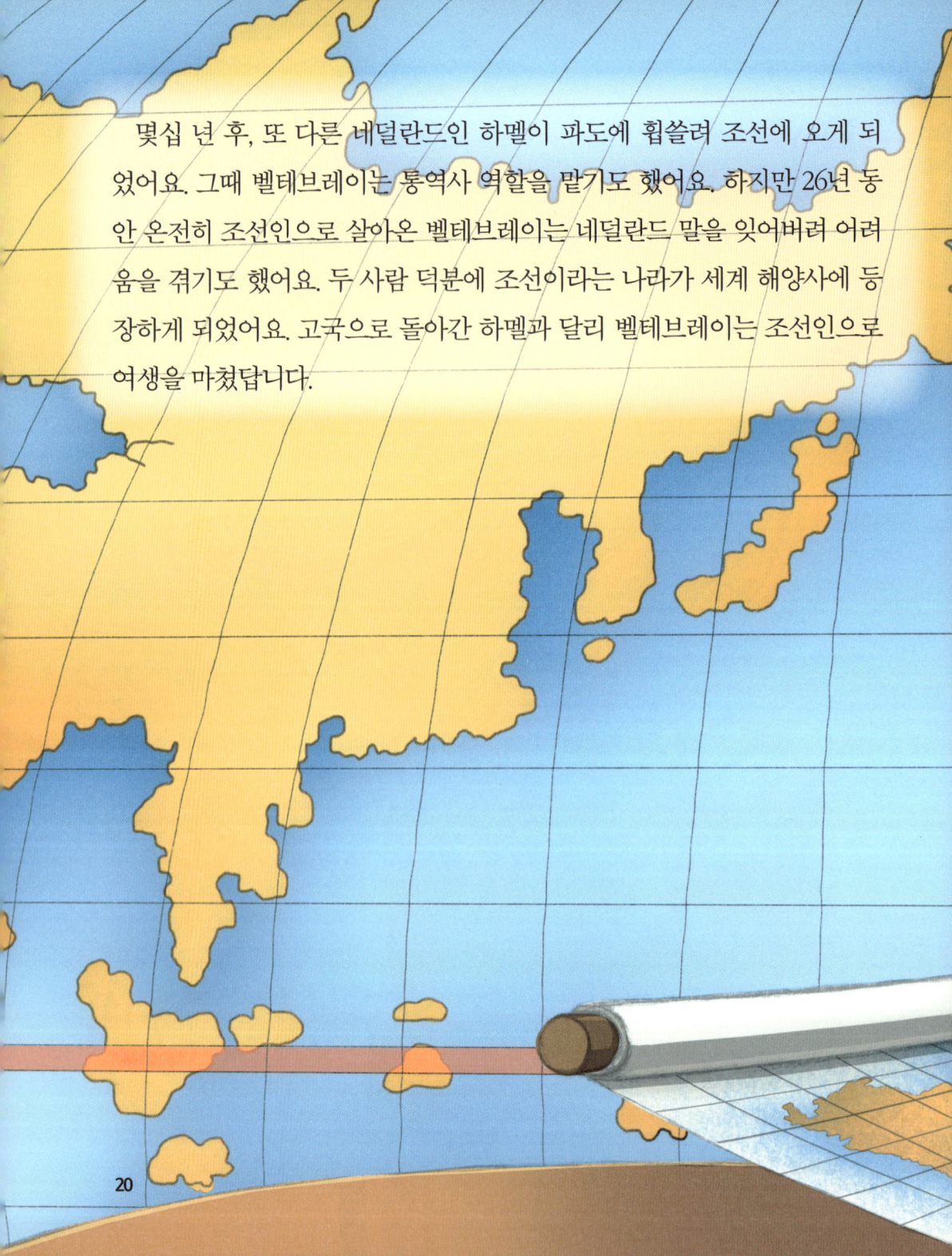

몇십 년 후, 또 다른 네덜란드인 하멜이 파도에 휩쓸려 조선에 오게 되었어요. 그때 벨테브레이는 통역사 역할을 맡기도 했어요. 하지만 26년 동안 온전히 조선인으로 살아온 벨테브레이는 네덜란드 말을 잊어버려 어려움을 겪기도 했어요. 두 사람 덕분에 조선이라는 나라가 세계 해양사에 등장하게 되었어요. 고국으로 돌아간 하멜과 달리 벨테브레이는 조선인으로 여생을 마쳤답니다.

조선 시대의 무기

조선의 무기는 재래식 병기와 화약 병기로 나눌 수 있어요. 재래식 병기는 활, 화살, 편전(片箭), 쇠뇌, 창, 도검, 환도(還刀)가 있어요. 고려 때 최무선이 화약을 발명한 후부터 쓰인 화약 병기로는 소화기와 대형 화포 종류를 들 수 있지요. 비격진천뢰(飛擊震天雷) 같은 작열탄(炸裂彈)을 개발하여 성을 공격하는 작전에 이용하기도 하고, 로켓형 무기인 신기전(神機箭)과 전차의 일종인 화차도 만들어 사용하였어요.

조선보다 기술이 앞서 있던 유럽의 대포

전쟁기념관

서울 용산에 자리 잡은 전쟁기념관에 가면 우리나라에서 일어난 전쟁에 대해 자세히 알 수 있어요. 전쟁기념관은 총 6,300여 점에 이르는 방대한 양의 전시 자료가 있는 곳이에요. 특히 전쟁 역사실에서는 선사시대부터 현대까지 일어난 모든 전쟁의 역사를 한눈에 볼 수 있답니다.

신분을 뛰어넘은 여성 사업가
김만덕

연대 : 1739~1812
시대 : 조선
직업 : 상인

김만덕은 제주도에서 가장 유명한 기생이었어요. 어릴 때부터 가난한데다 부모님까지 잃었기에 기생의 수양딸이 되었거든요. 하지만 기생으로 평생을 살아가기보다 자신의 힘으로 새 인생을 살기로 마음먹었지요. 김만덕은 기생에서 자유인으로 신분을 회복한 뒤 장사를 하는 객주를 차렸어요. 그곳에서 제주 특산물을 육지의 물품들과 맞바꾸어 팔면서 많은 돈을 벌었어요.

제주도에는 계속되는 자연재해로 도민들이 굶어 죽는 일이 생겨나기 시작했어요. 임금인 정조는 나라의 쌀을 제주도로 급히 보냈지만 풍랑 때문에 침몰하고 말았지요. 이때 김만덕은 장사를 해서 번 전 재산을 팔아 제주도민이 먹을 식량을 마련했어요. 굶주림에 죽어 가던 제주도민들은 김만덕의 도움으로 위기에서 벗어났답니다. 고마움을 느낀 정조는 소원을

들어주겠다고 했어요. 그래서 김만덕은 왕이 있는 궁궐과 금강산을 구경하게 되었지요. 당시 여자는 섬에서 육지로 나갈 수 없다는 규칙을 깨고 말이에요. 김만덕은 조선 시대에 보기 드문 성공한 여성 사업가이자 어려운 사람들을 돕는 사회 활동가였답니다.

김만덕을 기억하는 사람들

정조

정조는 사회경제의 개혁을 꿈꾸는 임금이었어요. 낮은 신분의 여성으로 상업에 뛰어들어 막대한 부를 이루고, 굶주린 제주 백성을 살리기 위해 자신의 전 재산을 내놓은 김만덕은 정조에게 큰 감동을 주었지요. 정조는 김만덕의 삶을 통해 자신의 개혁 의지를 밝히고자 신하들에게 김만덕 전기를 쓰도록 했어요.

채제공

정조 때의 영의정이었던 채제공은 김만덕을 칭송하여 《김만덕전》이라는 고전소설을 썼어요. 이 책은 당시 최고 직위에 오른 문신이 직접 지은 여성소설로, 조선 시대 여성사를 연구할 때 사용되는 자료 중 하나랍니다.

정약용

조선 시대 실학자인 정약용은 《여유당전서》에서 김만덕에게 세 가지 기특함과 네 가지 희귀함이 있다고 했어요. 세 가지 기특함은 과부로 수절한 것, 많은 돈을 기꺼이 내놓은 것, 섬에 살면서 산을 좋아하는 것이에요. 네 가지의 희귀함이란 여자로서 중동(重瞳)이고 종의 신분으로 역마(驛馬)의 부름을 받았고, 기녀로 승려를 시켜 가마를 메게 하였고, 외진 섬사람으로 내전의 사랑과 선물을 받은 것이랍니다.

박제가

조선 시대 실학자 박제가 역시 자신의 저서 《정유각문집》에서 김만덕의 삶을 이야기했어요. 여자와 신분이라는 운명에 항거하여 이 세상에서 넉넉하게 멋쟁이로 살다간 사람으로 귀하다 할 만한 사람이라고 칭송했지요.

최고의 의학서 《동의보감》을 쓴
허준

연도 : 1539-1615
시대 : 조선
직업 : 의학자

허준은 양반 가문에서 태어났어요. 그러나 어머니가 첫째 부인이 아니었기 때문에 양반이 될 수 없었어요. 비록 벼슬을 얻을 수는 없었지만 열심히 공부한 허준은 사람들의 병을 고쳐 주는 의원이 되기로 했어요. 아픈 사람들을 치료해 주는 일에 보람을 느낀 허준은 실력을 쌓아 최고의 의원이 되었어요. 그래서 임금의 건강을 돌보는 어의로 궁궐에서 일하게 되었지요. 임금의 병을 낫게 하여 큰 벼슬까지 얻게 되었어요.

임금인 선조는 허준을 불러 백성들이 쉽게 볼 수 있는 의학책을 쓰도록 했어요. 당시 중국에서 새로 들어온 의학책이 많았지만 조선의 옛 의학과 섞여 뒤죽박죽이라 보기 어려웠거든요. 게다가 일본과의 전쟁으로 많은 백성들이 다치거나 병들어 있었어요. 허준은 14년 만에 우리나라 사람의 몸이나 생활 습관에 맞는 의학책을 완성했어요.

바로 지금까지도 한의학을 공부하는 사람들이 읽는 《동의보감》이지요. 《동의보감》은 동양에서 가장 우수한 의학책으로 평가받으며 일본과 중국까지 전해졌어요.

광혜원(제중원)

광혜원은 우리나라 최초의 근대식 병원이에요. '큰 은혜를 입은 집'이란 뜻으로 1885년에 백성들의 병을 치료하기 위해 세워졌어요. 미국에서 온 선교사 알렌은 갑신정변 때 부상을 당한 민영익을 치료하면서 고종의 신임을 얻게 되었어요. 조선에 근대식 병원을 세우자는 알렌의 제안에 고종은 서민 치료 기관이었던 혜민서와 활인서를 없애는 대신 광혜원을 세웠어요. 광혜원은 근대식 병원이자 의료 교육 기관으로 운영되었지요. 광혜원은 세운 지 13일 만에 제중원으로 이름을 바꾸었어요. 제중원을 통해 많은 사람들이 서양 의학의 도움으로 병을 치료할 수 있게 되었지요.

지금의 연세대학교 의과 대학 부속 병원이 바로 광혜원이었다는 사실 알고 계시나요? 광혜원은 1904년에 미국의 사업가 세브란스의 기부금으로 새롭게 병원을 만들면서 세브란스 병원이라고 부르게 되었어요. 8·15 광복 후에는 세브란스 의과 대학이 되었다가, 후에 연희대학교와 통합되면서 연세대학교 의과 대학 부속 병원이 되었답니다.

목숨을 걸고 바른말을 한 내시
김처선

연도 : 1421(추정) ~ 1505
시대 : 조선
직업 : 내시

김처선은 세종부터 연산군까지 일곱 명의 왕을 섬긴 내시예요. 내시란 임금의 곁에서 시중을 들며 궁궐의 일을 맡아보는 관직을 뜻한답니다. 임금님과 아주 가까운 사람이지요. 김처선은 여러 왕을 보살피면서 관직을 잃기도 하고 유배를 당하기도 하는 등 어려움을 많이 겪었어요. 하지만 임금에게 잘 보이기 위해 아첨하기보다 진심으로 임금을 위해 바른말을 하는 사람이었답니다.

폭군으로 유명한 연산군은 정치를 뒷전으로 한 채 방탕한 생활을 했어요. 그래서 김처선은 목숨을 걸고 충고를 하였어요. 당시 연산군이 무서워 아무도 나서는 사람이 없었답니다. 그런데도 김처선은 나라를 위해 옳은 말을 하는 용기를 보여 주었어요. 그러나 안타깝게도 충고를 받아들이지 않은 연산군은 김처선을 사형시키고 말았어요. 나중에 영조가 나라를 생각한 김처선을 위한 정문을 세워 그 공을 인정하였어요.

내시가 궁금해요.

내시는 중국에서 처음 생겨났어요. 중국에서는 내시를 환관이라고 불러요. '환관의 역사를 알면 중국의 역사를 알 수 있다'는 말이 있을 정도로 중국에서 환관은 정치에 깊이 관여하여 나라를 움직이기도 했어요. 왕 가까이에 있으니 아무래도 왕의 생각이나 행동을 잘 알았겠지요. 우리나라의 내시는 신라 시대부터 시작했지만 본격적으로 등장한 것은 고려 시대부터랍니다. 내시의 권력이 강했던 고려 시대와는 달리 조선 시대에는 내시들이 정치에 참여하지 못하도록 엄하게 다스렸어요. 내시부는 마치 군대처럼 규율이 엄격하고 무서웠다고 해요.

중국 역사에서 가장 유명한 환관은 명나라 때의 환관이자 장군인 정화랍니다. 그는 영락제의 어명을 받고 남해 원정단을 이끌고 동남아시아에서 아프리카, 케냐에 이르기까지 대항해를 했어요.

사극 속에 등장하는 내시들은 대부분 여성스럽다고요? 조선 시대의 내시는 남성 기능을 상실한 환관이었어요. 내시는 늘 왕의 곁에서 궁중의 잡일을 맡아 했기 때문에 왕비, 후궁, 궁녀 등 여자들과 가까이 있을 때가 많았어요. 그래서 혹시 모를 사고를 대비해 남성 기능을 모두 제거했지요.

실리를 중시한 비운의 임금

광해군

연도 : 1575~1641
시대 : 조선
직업 : 임금

선조 때 일본이 조선을 침략해 임진왜란이 벌어졌어요. 다행히 7년의 전쟁 끝에 조선에서 일본군을 몰아낼 수 있었어요. 전쟁을 승리로 이끈 데에는 선조의 아들인 광해군이 한몫하였답니다. 전쟁 기간에 전국을 돌며 민심을 돌보고 군량과 군기를 모아 임진왜란을 극복하기 위해 애썼어요. 첫째 부인의 아들이 아니었던 광해군은 이 일로 세자가 되었고 많은 어려움 끝에 결국 왕이 되었어요.

광해군은 자신을 위협하는 장애 요소들을 제거해 가며 왕권을 강화해 나갔어요. 임진왜란 후 백성들의 생활과 나라의 재정을 안정적으로 하기 위해 대동법을 시행해 큰 효과를 거두었지요. 대동법이란 백성들이 나라에 내는 세금을 쌀로 통일하는 제도랍니다. 조선을 둘러싼 다른 나라들

과의 관계에서도 조선의 이익을 가장 먼저 추구하였어요. 광해군은 결국 인조반정을 통해 왕에서 쫓겨났어요. 그래서 죽은 후 왕의 이름인 '조'나 '종'이 아닌 '군'으로 불리는 것이랍니다.

임진왜란

조선 선조 25년(1592년)부터 31년(1598년)까지 두 차례에 걸쳐 우리나라를 침입한 일본과의 싸움을 말해요. 임진왜란이 일어나기 10년 전, 율곡 이이는 10만 군사를 길러 왜적의 침략에 대비하자고 했지만 받아들여지지 않았어요. 그 후 왜군은 명나라로 가는 길을 내달라는 구실로 쳐들어왔어요. 조선은 줄줄이 패하며 전쟁 20일 만에 한양을 내주고 말았어요. 그러나 이순신 장군과 의병들의 활약으로 위기에서 벗어나기 시작했지요. 명나라에서 구원병이 오며 점점 더 힘을 얻게 된 조선은 결국 두 번째 왜군의 침략에서 승리하며 7년간의 전쟁을 끝냈답니다.

병자호란

1636년 12월부터 1637년 1월까지 일어난 전쟁으로 당시 명나라를 멸망시킨 후금이 새로 청나라로 이름을 바꾸고 조선을 침략한 일이에요. 청은 조선에게 이제 조선은 신하의 나라이니 신하의 예를 갖추라고 했지요. 조선이 이를 받아들이지 않자 청은 군대를 이끌고 쳐들어온 거예요. 막강한 군사력을 갖춘 청나라에게 밀려 왕인 인조는 남한산성으로 피신을 갔지만 45일 만에 항복했어요. 멀리 삼전도까지 간 인조는 청나라 왕 앞에서 3번 절하고 9번 땅에 머리를 박는 굴욕을 당했지요.

인조반정

인조반정(1623년 4월 11일)은 광해군을 폐위시키고 인조를 왕위에 앉힌 사건을 말해요. 광해군은 임진왜란에서 왜군 격퇴에 큰 공을 세워 왕이 되었으나 어려움이 컸어요. 특히 선조의 적자인 영창대군의 존재는 광해군의 정통성에 늘 걸림돌이 되었답니다. 결국 광해군은 선조의 계비인 인목대비를 가두고 영창대군을 귀양 보낸 뒤에 죽였어요. 이러한 패륜적 행위는 반대 세력에게 중요한 구실을 주어 광해군은 폐위되고 새 왕으로 세조의 손자인 인조가 세워졌어요.

조선의 독도 지킴이
안용복

연도 : 1658(추정)~?
시대 : 조선
직업 : 어부

조선 시대 때 독도와 울릉도는 사람이 살지 않는 섬이었어요. 그저 어업만 이루어지던 곳이었지요. 그런 울릉도에서 안용복은 다른 어부들과 함께 고기를 잡다 일본의 어부들과 실랑이를 벌이게 되었어요. 일본 어부들보다 사람 수가 부족한 탓에 일본으로 끌려가는 일이 벌어졌답니다. 그러나 인질로 잡혀간 안용복은 울릉도와 독도가 조선의 땅임을 논리적이고도 강력하게 주장하였어요. 그 결과 일본에서는 울릉도와 독도가 자신의 땅이 아님을 문서로 작성하여 돌려보냈답니다.

안용복이 일본에서 돌아온 이후 울릉도와 독도가 조선의 땅임이 분명해졌지만 여전히 일본은 그곳에서 고기를 잡았어요. 안용복은 치밀한 계획을 세워 일본으로 건너갔답니다. 조선의 관리인 척하며 일본을 호되게 꾸짖어 결국

울릉도와 독도가 조선 땅임을 다시 한번 밝혀냈지요. 조선에서도 함부로 나서지 못한 일을 어부인 안용복이 용기 있게 지켜 낸 것이에요. 안용복이 목숨을 걸고 지킨 독도를 300년이 지난 지금도 일본에서는 자기 땅이라 우기고 있답니다.

독도를 지킨 사람들

이사부장군

이사부는 왕족 출신으로 내물 마립간의 4대손이에요. 신라 지증왕 13년(512년)에 지금의 독도인 우산국을 정복하여 신라 영토에 편입시킨 인물이지요. 당시 우산국은 신라와 떨어져 있는 독립국가로 억세고 용맹스러운 백성들이 살고 있었어요. 이사부는 꾀를 내어 배에 나무로 만든 사자를 잔뜩 싣고 가 우산국을 겁주었어요. 결국 신라는 이사부의 재치로 전쟁도 하지 않고 손쉽게 우산국을 정복할 수 있었답니다.

독도의용수비대

독도의용수비대는 1953년 4월 20일부터 1956년 12월까지 독도를 지켜 낸 순수 민간 조직이에요. 당시 6·25전쟁의 혼란을 틈타 독도에 대한 일본인의 침탈 행위가 잦았답니다. 독도 의용 수비대는 독도에 대한 일본의 불법 침탈 행위가 계속되자 일본의 터무니없는 독도 소유권 주장을 차단하고 독도 근해에 나타나는 일본인들을 위해 만들어졌어요.

홍순칠 (1929~1986)

홍순칠은 독도 의용 수비대의 대장이에요. 6·25 전쟁에 참여했다가 전상을 입고 특무상사로 전역했어요. 그 후 울릉군 출신의 상이용사를 중심으로 독도 의용 수비대를 결성했어요. 국립경찰과 힘을 합쳐 독도 및 인근 해상에 대한 경비 활동을 했지요. 독도에 대한 대한민국의 실효적 지배를 행사하는 데에 크게 기여하였답니다.

김장훈

가수 김장훈은 독도를 지키는 민간 파수꾼이에요. 자신의 돈으로 독도 포스터를 만들어 '뉴욕타임스' 같은 외국 신문에 광고도 싣고 세계 언론사에 '일본해'로 표기된 것을 '동해' 표기로 바꾸라는 요청도 합니다.

조선 왕조를 설계한
정도전

연도 : 1342~1398
시대 : 고려~조선
직업 : 정치가/ 학자

고려의 신하인 정도전은 출신은 보잘것없었지만 공부도 잘하고 무술에도 능했어요. 새 왕조를 만들려고 계획하던 이성계는 이런 정도전을 눈여겨보았어요.

고려를 계속 잇고자 하는 세력과 새 왕조를 탄생시키려는 세력 사이의 싸움이 한창이던 시기였지요. 서로의 특별함을 알아본 두 사람은 함께 손을 잡았어요.

정도전은 이성계를 왕으로, 이성계는 정도전을 스승으로 모셨지요. 결국 정도전은 이성계를 왕으로 세워 새 나라인 조선을 만들었답니다.

조선을 세운 왕은 이성계지만 실제로 조선 왕조를 설계한 사람은 정도전이었어요. 정도전은 경복궁의 위치와 이름을 정하고 강력한 조선 군대를 만들어 요동 정벌을 계획했지요. 또 세자를 교육하고 역사서인《고려국사》를 썼으며 조선 궁중 음악의 기틀도 다졌어요. 조선의 최고 법전인《경국대전》의 출발점인《조선경국전》을 지어 조선의 통치 규범을 제시하였답니다. 이렇게 조선의 기틀을 마련한 정도전은 왕과 신하가 조화를 이루는 이상적인 정치를 꿈꾸었어요.

이성계(1335~1408)

이성계는 조선을 건국한 제1대 왕 태조예요. 500년 가까운 역사를 지닌 고려는 말기에 이르자, 기울어 가는 원나라와 새롭게 떠오르는 명나라 사이에서 무척 힘든 상황이었답니다. 게다가 홍건적과 왜구까지 쳐들어와 나라 안팎으로 어지러웠죠. 이성계는 최영 장군과 함께 홍건적과 왜구를 물리쳤지만 둘은 정치적 생각이 달랐어요. 결국 위화도회군 이후 이성계는 조선을 건국하고 제1대 왕이 되었어요.

위화도 회군

이성계는 명나라가 차지한 요동 지방을 정벌하라는 최영 장군의 명을 받아 군사들을 끌고 갔어요. 하지만 압록강의 위화도까지 간 이성계는 네 가지 이유를 들며 말을 돌렸어요. 그리고 개경으로 가 최영을 죽이고 우왕 대신 9세의 창왕을 왕위에 앉혔지요. 그 후 1년 만에 다시 공양왕에게 왕위를 잇도록 했어요. 이성계는 모든 군사력을 장악하고 강력한 군사적 기반 위에서 실질적인 권력을 갖게 되었어요.

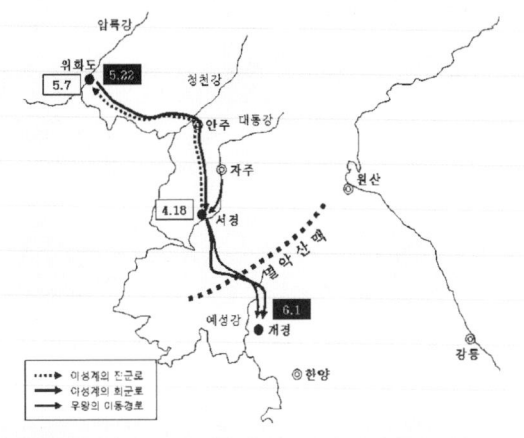

한양을 건설한 조선 최고의 건축가
박자청

연도 : 1357~1423
시대 : 조선
직업 : 건축가

　고려가 망하고 조선이 새로 태어나면서 나라의 수도가 개성에서 한양으로 옮겨졌어요. 그래서 궁궐도 새로 짓고 신하들이 살 집과 학교 등 나라를 통째로 새로 지어야 했어요.

500년 도읍지를 새로 옮긴다는 것은 보통 일이 아니었지요. 태종은 박자청에게 한양의 모든 것을 새로 건축하도록 지시했어요. 조선 왕조를 설계한 사람이 정도전이라면 박자청은 그 설계를 눈앞에 실제로 만들어낸 사람이에요. 박자청은 비록 미천한 신분이었지만 고려 때부터 궁궐에서 일하던 사람이었어요.

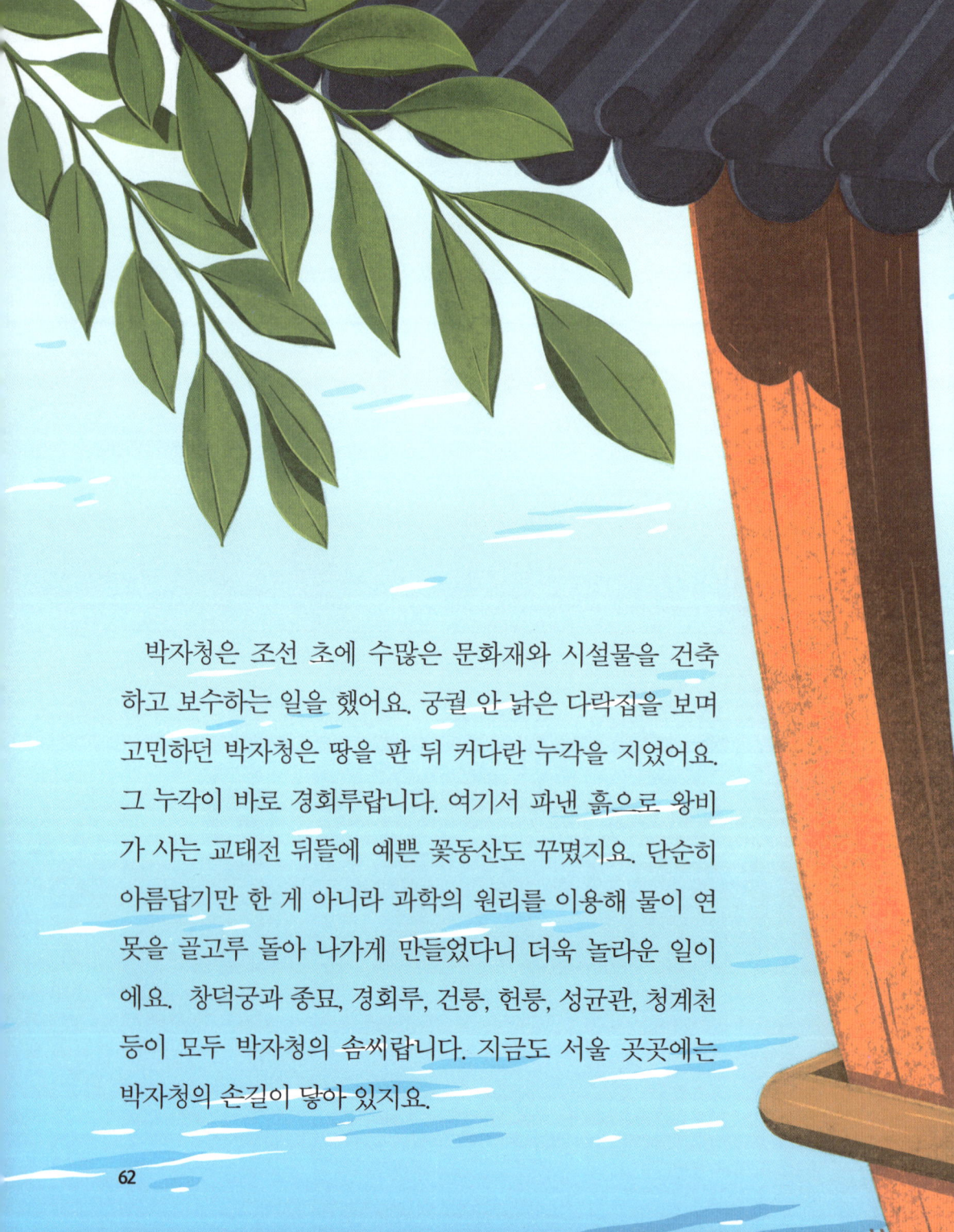

　박자청은 조선 초에 수많은 문화재와 시설물을 건축하고 보수하는 일을 했어요. 궁궐 안 낡은 다락집을 보며 고민하던 박자청은 땅을 판 뒤 커다란 누각을 지었어요. 그 누각이 바로 경회루랍니다. 여기서 파낸 흙으로 왕비가 사는 교태전 뒤뜰에 예쁜 꽃동산도 꾸몄지요. 단순히 아름답기만 한 게 아니라 과학의 원리를 이용해 물이 연못을 골고루 돌아 나가게 만들었다니 더욱 놀라운 일이에요. 창덕궁과 종묘, 경회루, 건릉, 헌릉, 성균관, 청계천 등이 모두 박자청의 솜씨랍니다. 지금도 서울 곳곳에는 박자청의 손길이 닿아 있지요.

살곶이 다리

서울 중랑천과 청계천이 만나는 곳에 놓인 다리로 현재 서울의 행당동과 성수동의 경계에 있어요. 조선 시대의 가장 긴 다리로 전해지며 원래 이름은 제반교이지만 살곶이다리로 더 유명하지요. 세종의 명령으로 박자청이 감독하여 공사를 시작했지만 강의 너비가 너무 넓고 홍수를 이겨내지 못해 중지하였다가 63년 후에 완성하였어요. 살곶이 다리에는 흐르는 강물의 저항을 줄이기 위해 마름모꼴로 다듬은 64개의 돌기둥이 있어요. 물살의 흐름을 자연스럽게 받아들이기 위해 돌기둥에 무수한 흠집을 새겨 놓은 조상들의 지혜가 놀랍지요.

헌릉

헌릉은 조선 제 3대 왕인 태종과 원경왕후 민씨의 무덤을 말해요. 원경왕후가 죽자 태종은 대모산 기슭에 왕후의 능을 조성하도록 했어요. 그로부터 2년 후, 태종마저 세상을 떠나자 세종이 어머니인 원경왕후의 능 옆에 태종의 능을 조성하였지요. 두 개의 능이 같은 언덕에 조성된 쌍릉인 헌릉 역시 박자청의 솜씨랍니다. 조선 태조의 건원릉 형식을 따른 헌릉은 조선 왕릉의 위엄과 웅장함을 잘 드러내지요.

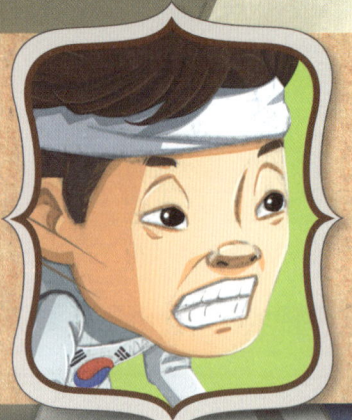

식민지 조선의 자전거 영웅
엄복동

연도 : 1892~1951
시대 : 일제 강점기
직업 : 자전거 선수

엄복동은 어려운 가정 형편으로 일찍부터 안 해본 일이 없었어요. 그러다 자전거 판매점의 점원으로 일하면서 자전거를 처음 타기 시작했어요. 조선 시대에 처음 들어온 자전거는 당시 신기하고 새로운 문물이었지요. 특별한 훈련을 받은 적이 없던 엄복동은 뛰어난 실력으로 자전거 선수가 되었어요. 그리고 큰 자전거 경기에 나가 일본 선수들을 제치고 1등을 하였어요. 이름도 없는 초라한 모습의 엄복동이 자전거를 타고 단숨에 달려 나가는 모습에 사람들은 모두 깜짝 놀랐어요.

엄복동은 조선에 이어 중국에서 열린 자전거 대회에서도 우승하였어요. 당시 일제에 나라를 뺏긴 우리나라 사람들에게 희망과 기쁨을 주었답니다. 일본 선수를 제치는 엄복동을 보고 일본 심판이 경기를 중단했어요. 게다가 일본 사람들이 엄복동을 단체로 때리기까지 했지요.

일본인들을 제치고 당당히 우승하는 엄복동의 모습에 우리나라 사람들은 가슴이 후련했어요. 나라를 빼앗긴 식민지의 설움까지도 씻을 수 있었답니다.

빼앗긴 나라의 희망이 된 선수들

손기정 (1912~2002)

어릴 때부터 달리기를 좋아하던 손기정은 마라톤 선수로 베를린 올림픽에 출전하였어요. 하지만 손기정은 마냥 좋아할 수만은 없었지요. 일본에 나라를 빼앗긴 탓에 일본 선수로 출전해야 했으니까요. 세계 신기록을 세우며 1등으로 들어온 손기정은 시상대에서 월계수로 일장기를 가리고 고개를 숙였어요. 하지만 그 모습을 본 우리나라 사람들은 자부심을 느끼며 일제 강점기의 어두운 현실에서 한 줄기 빛을 보았답니다.

남승룡 (1912~2001)

베를린 올림픽 마라톤에서 손기정과 함께 시상대에 오른 또 한 명의 한국인이 바로 남승룡이에요. 당시 베를린 올림픽에서 대표 선수 3명 가운데 조선인 선수가 두 명이나 출전하는 것을 꺼려 했던 일본은 출전을 방해했지만 남승룡은 동메달을 획득하여 조선인들에게 희망을 주었지요. 광복 후 보스턴 마라톤 대회에서는 당당히 태극 마크를 달고 출전하기도 했어요.

안창남(1901~1930)

안창남은 도쿄-오사카 간의 우편 비행 경기에서 일본인들을 물리치고 우승했어요. 비행사를 꿈꾸며 일본으로 건너간 안창남은 일본 코구리 비행학교에서 비행기 제조법과 조종술을 배우고 일본 최초의 비행사 자격 시험에 합격해서 비행사가 되었어요. 1922년 12월 10일, 안창남은 자신의 비행기 '금강호'를 몰고 여의도 비행장을 이륙해 서울 상공을 돌았어요. 안창남을 보기 위해 여의도에는 5만 명의 인파가 몰렸다고 해요. 당시 '땅에는 엄복동 하늘에는 안창남'이라는 말이 유행했다고 해요.

노비 해방 운동의 선구자
만적

연도 : ? ~ 1198
시대 : 고려
직업 : 노비, 혁명가

신분제 사회인 고려에서 노비는 사람대접 받지 못했어요. 노비는 개인의 재산과 같았지요. 그러던 중, 무신들이 나라를 이끄는 문신들에게 대항하는 무신정변이 일어났어요. 무신들이 권력을 얻는 데 도움을 준 노비는 신분 상승을 하게 되었지요. 이의민이 대표적인 인물이에요. 그 모습을 본 만적은 희망을 얻었답니다. 만적 역시 최충헌의 노비였어요.

"왕과 왕비, 장군이나 재상이 될 사람이 따로 있는 것이 아니다. 누구나 할 수 있다!"

만적은 이렇게 외치며 개경의 노비들을 모아 노비 해방 운동의 계획을 짰어요. 하지만 안타깝게도 이 운동은 시작도 하기 전에 실패로 돌아가고 말았어요. 노비 중의 한 사람이 몰래 주인에게 일러바쳤기 때문이에요. 비록 실패로 돌아갔지만 만적의 노비 해방 운동은 당시 고려 사람들에게 하층민들의 저항을 보여주었답니다. 사람은 누구나 평등하다는 강력한 외침이었지요.

무신의 난

고려 의종 때인 1170년에 무신들이 정변을 일으켜 권력을 차지한 사건이에요. 문신들과 달리 무신들은 제대로 대접받지 못했기 때문에 불만이 컸어요. 그러던 중 무술 대련에서 젊은 문신이 나이 든 무신의 뺨을 때려 모욕을 주는 사건이 일어나요. 이에 정변의 기회를 엿보던 무신들은 문신 귀족들을 모두 죽이고 의종을 임금의 자리에서 내쫓았어요. 그러고는 새로운 임금을 내세워 권력을 차지했지요.

정중부 (1106~1179)

정중부는 고려 무신정권을 수립한 주인공이에요. 정중부는 무신 정변을 일으킨 후 개경에 잠입하여 숙직하던 관료들을 모조리 죽이고 태자를 사로잡아 대세를 장악했어요. 스스로 신하의 최대 명예인 벽상공신에 오르고, 장군직과 문관 고위직을 겸하여 나라를 다스렸지요. 정중부로 인해 '무인천하'가 열린 것이지요. 그러나 무신정변 이후, 권력 상층부의 혼란을 목격한 지방과 하층민들의 동요는 그치지 않았답니다.

이의민 (? ~ 1196)

미천한 신분 출신인 이의민은 무신정권의 황금기를 열었다고 할 수 있어요. 키가 8척이나 되는 거구로 우리나라 전통 무예 수박희를 특히 잘해 의종의 눈에 띄었지요. 이의민은 자신을 총애한 의종을 살해하는 일도 마다하지 않은 인물이었어요. 그 공으로 대장군으로 승진하였고 당대의 권력자로 부상했지요. 이후 무신의 난을 일으킨 정중부를 제거하고 무신 최고 집권자로 12년간 권력을 쥐었어요. 그러나 권력을 남용하던 이의민은 최충헌 형제에 의해 죽게 되지요.

세계 최초의 태교책을 쓴
이사주당

연도 : 1739~1821
시대 : 조선
직업 : 학자

사주당은 어릴 때부터 공부를 열심히 하였어요. 늘 책을 가까이하면서 옛사람들의 가르침을 몸소 실천하려고 애썼어요. 사람들은 공부도 잘하고 예의 바르며 마음씨 착한 사주당을 늘 칭찬했어요. 유한규와 결혼하여 가정을 꾸리며 훌륭한 아내와 어머니로 살았어요. 나이가 많이 들 때까지 벼슬을 하지 못하던 남편을 벼슬길에 올리고 아들 유희 역시 이름난 한글학자로 키워 냈지요.

평생 자식 교육을 가장 중요하게 생각했던 사주당은 여성들을 위해 태교 책을 썼어요. 바로 세계 최초의 태교 지침서인 《태교신기》예요. 스승이 10년 동안 가르치는 것보다 어머니 배 속에서 열 달 동안 배우는 것이 더 낫다고 강조했지요. 이론에만 그친 것이 아니라 직접 임신 중에 그대로 실천하는 실험을 했어요. 그러면서 태교의 중요성을 더욱 깨닫게 되었지요. 사주당이 강조한 태교의 중요성은 오늘날까지도 이어져 오고 있답니다. 사주당은 남성만이 군자의 삶을 살았던 조선 시대 여성 지식인으로서 자신의 힘으로 당당히 살아간 학자라 할 수 있어요.

《태교신기》

《태교신기》는 총 10개의 장으로 구성되어 있어요. 제1장에서 태교의 이치를, 제2장에서는 태교의 효험을 설명하였어요. 제3장에서는 태교를 잘해 어진 자식을 지닌 옛사람들의 이야기를 통해 태교의 중요성을 강조하였지요. 제4장에서는 태교의 구체적 방법을 항목별로 나누어 자세히 설명하였어요. 그리고 나머지 부분에서는 태교의 중요성을 다시 강조하며 옛사람들이 행한 일이나 관계 조항을 인용하였어요. 마지막 장은 남편에게도 태교의 책임이 있으므로 부인에게 가르쳐 주도록 하였어요. 이 책은 태교에 관한 이론과 실제를 갖추어 태교의 중요성을 체계화한 데에 의의가 있답니다. 《태교신기》에서는 어머니의 태교와 더불어 아버지의 태교도 중요하다고 가르치고 있답니다. 우리 조상들이 얼마나 앞선 생각을 했는지 알 수 있어요

"10년 동안 스승의 가르침보다 더 중요한 것이
어머니의 열 달 태교이고 어머니의 열 달 태교보다
더 중요한 것이 하룻밤 아버지의 가르침이다."
-《태교신기》

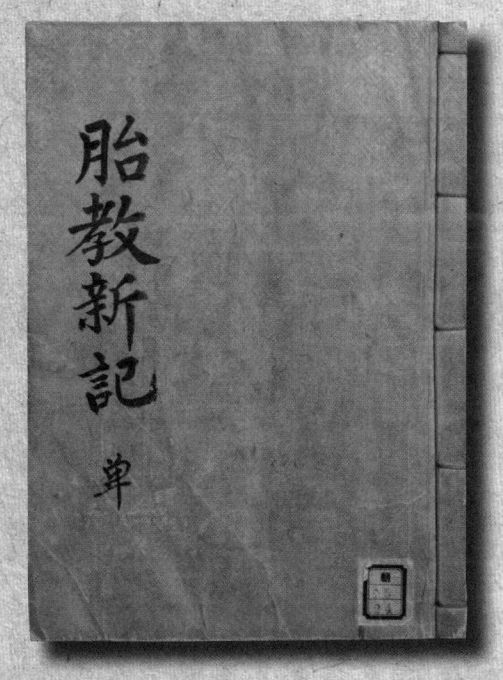

금관가야를 세운
김수로왕

연도 : 재위 42 ~199
시대 : 삼국
직업 : 왕

옛날 낙동강 지역에서 촌장들이 아홉 개의 마을을 다스리고 있었어요. 어느 날 하늘의 목소리가 들리자 촌장들은 땅을 파며 '구지가'라는 노래를 불렀지요. 그러자 하늘에서 붉은 보자기에 싸인 황금으로 된 상자가 내려왔어요. 상자 안에는 여섯 개의 알이 들어 있었어요. 가장 먼저 태어난 아이가 바로 김수로왕이지요. 김수로왕은 금관가야라는 나라를 세우고 임금이 되었어요. 나머지 다섯 개의 알에서도 아이들이 태어나 각각 나라를 세워 여섯 가야가 되었지요.

여섯 개의 가야 나라 중 김수로왕이 세운 금관가야가 가장 힘이 셌어요. 금관가야는 나머지 가야들을 이끌었지요. 가야는 철이 풍부한 나라였어요. 그리고 가야 사람들은 그 철을 다루는 능력이 뛰어났지요. 주변 국가들은 가야의 철을 사고 싶어 했어요. 그래서 가야는 경제적으로 풍족한 나라가 되었어요. 김수로왕의 부인은 인도 아유타 왕국의 공주예요.

허황후 (33~189)

가야국 김수로왕의 비로 김해 허씨의 시조인 허황후의 본명은 허황옥이에요. 본래 인도 아유타국의 공주로 왕과 왕후가 꿈에 하늘의 명을 받아 가야국 수로왕의 배필이 되게 하였다고 해요. 수로왕은 신하들을 보내어 김해 남쪽 해안에 이른 허황후를 맞이하여 왕후로 삼았어요. 결혼 후, 허황후는 아들 10명을 낳았는데 그중 2명에게 어머니의 성(姓)인 허(許)를 주었다고 해요. 경상남도 김해시에는 허황후의 묘가 있으며 그녀가 인도에서 가져온 것이라고 전하는 파사석탑이 남아 있어요.

한류 열풍의 원조 달마도를 그린
김명국

연도 : 1600(추정) ~ ?
시대 : 조선
직업 : 화가

〈달마도〉를 본 적이 있나요? 거침없이 긋고 힘차게 꺾은 신선의 형상이 인상적이지요. 인도인이면서 중국 불교인 선종의 창시자인 도인 달마대사를 그린 그림이에요. 지금까지 전해 내려오는 수많은 〈달마도〉 중에 가장 유명한 그림은 김명국의 작품이에요. 김명국은 조선 시대 그림 그리는 일을 담당하는 관청인 도화원에서 일생 동안 그림을 그렸답니다. 그림 실력이 아주 뛰어나 통신사 수행 화원으로 두 차례나 일본에 갈 정도였지요. 당시 조선은 통신사를 통해 우리 문화의 우수성을 과시하고 문화적 외교를 하고 싶었거든요.

김명국이 처음 일본에 가서 그린 그림을 보고 일본 사람들은 모두 깜짝 놀랐어요. 너무나 훌륭한 솜씨에 일본이 들썩일 정도였지요. 그래서 일본은 공식적으로 김명국의 두 번째 방문을 요청했어요. 일본 사람들이 어찌나 김명국의 그림을 원했는지 밀려드는 그림 요청으로 쉴 틈 없이 작업을 해야 할 정도였어요. 오죽했으면 김명국이 너무 힘들어 울어 버렸다고 하네요. 현재 전 세계가 열광하는 한류 열풍 못지않은 조선 시대 김명국의 인기는 지금까지 〈달마도〉를 통해 이어가고 있답니다.

조선의 화가

안견 (1400전후(추정) ~ ?)

안견은 조선 초기의 화가로 세종부터 세조 때까지 활동한 화가예요. 안견의 그림으로 추정되는 그림은 여럿이 있지만, 안견이 그렸다고 확실시되는 그림으로 전해지는 것은 〈몽유도원도(夢遊桃源圖)〉가 유일해요. 이 그림은 안평대군의 꿈 이야기를 기초로 그려진 것으로 안견은 꿈 이야기를 들은 지 3일 만에 완성하였어요. 안평대군의 발문부터 당대 최고의 사대부들의 찬문이 친필로 붙어 있어 〈몽유도원도〉는 그림으로서의 가치뿐만 아니라, 조선 초기 문인들의 문학과 서예적 성취를 알게 하여 그 역사적 가치도 매우 높지요.

정선 (1676~1759)

정선은 〈진경산수화〉라는 우리 고유의 화풍을 개척한 인물로 평가받고 있어요. 중국의 산천이 아닌 조선의 산천을 있는 그대로 그렸다는 점에서 우리 문화에 대한 자부심을 가졌음을 알 수 있지요. 예술에 상당한 조예를 지니고 있었던 영조는 정선의 이름을 부르지 않고 꼭 호로만 부를 정도로 그 재능을 아끼고 존중했어요. 정선은 〈인왕제색도〉나 〈금강전도〉와 같이 우람하고 힘찬 산수화는 물론, 섬세한 붓 터치가 돋보이는 초충도에 이르기까지 회화의 모든 분야에서 탁월한 실력을 보였답니다.

장승업 (1843~1897)

장승업은 조선 말기의 화가로 생기 넘치는 작품들을 남긴 조선왕조의 마지막 천재 화가로 불리지요. 천한 신분이었지만 뛰어난 그림 솜씨를 지닌 장승업의 명성은 궁궐에까지 알려져 벼슬을 얻고 고종의 명령으로 궁궐에서 그림을 그리기도 했어요. 장승업은 자칫 빈약할 뻔했던 조선 말기의 회화사를 풍성하게 살찌웠고, 우리 민족사의 어두웠던 시기를 정신적, 예술적으로 환하게 밝혔지요. 현대 화단에까지 그 맥이 이어지고 있어요.

김홍도 (1745 ~ ?)

김홍도는 어린 시절, 스승 강세황의 지도를 받아 그림을 그렸어요. 도화서 화원이 된 후에는 정조의 신임 속에 당대 최고의 화가로 자리 잡았지요. 모든 장르에 능하였지만, 특히 산수화와 풍속화에서 뛰어난 작품을 남겼답니다. 김홍도의 풍속화에 등장하는 인물은 대부분 일하는 백성들로 서민들의 정서와 삶에 밀착된 역동적인 그림이 인상적이지요. 김홍도는 한국적 서정과 정취가 잘 녹아난 일상의 모습을 화폭에 담았어요.

신윤복 (1758~ ?)

신윤복은 조선 후기의 생활상과 멋을 생생하게 전하여 준 풍속 화가예요. 김홍도가 서민층의 풍속을 다루었다면 신윤복은 양반층의 풍류나 남녀 간의 연애, 향락적인 생활을 주로 그렸지요. 가늘고 유연한 선과 원색의 산뜻하고 또렷한 색채를 사용하였어요. 또 현대적인 구도와 독특한 상황 설정으로 조선 시대 풍속화의 영역을 더욱 다채롭게 넓혀 주었지요.

신라 발전의 주춧돌을 놓은
지증왕

연도 : 437~ 514
시대 : 삼국
직업 : 왕

지증왕은 신라의 22번째 왕이에요. 체격이 크고 담력도 뛰어났던 지증왕은 늦은 나이에 왕이 되었지만 많은 일을 하였지요. '사로'라고 불렸던 나라의 이름을 '신라'로 바꾸고 '왕'이라는 명칭도 만들었어요. 그전까지 '왕'을 '마립간'이라고 불렀지요. 또한 지방을 주와 군으로 나누어 그곳에 관리를 파견하여 나라 곳곳에 자신의 명령이 확실히 전달되도록 했어요. 모두 왕권을 강화하기 위한 일이었지요.

지증왕은 영토를 넓히기 위해 정복 활동도 활발히 벌였어요. 이사부 장군을 보내어 지금의 울릉도인 우산국을 정복하도록 했지요. 당시 우산국은 지형이 험하고 사람들도 힘이 세어 정복이 쉽지 않았는데도 말이에요. 이사부는 나무로 사자를 만들어 배에 싣고 우산국 앞바다로 갔어요. 그리고는 우산국 사람들 앞에서 호령했지요. 나무를 사자로 착각한 우산국 사람들은 겁을 먹고 모두 나와 항복했답니다. 그래서 신라는 울릉도와 독도까지 영토를 확장할 수 있었어요.

우산국

우산국은 삼국 시대에 울릉도에 있었던 작은 나라예요. 고구려, 백제, 신라처럼 체계를 갖춘 큰 나라로 성장하지 못하고 512년에 신라에 정복당했지요. 우산국 사람들은 신라에 항복한 이후 해마다 공물을 바치며 평화롭게 살았어요. 하지만 고려와 조선 시대에는 울릉도와 그 주변의 섬들을 사람이 살지 않는 빈 섬으로 만들었지요. 육지에서 멀리 떨어져 있어 관리하기 어려운 탓에 주민들을 육지에 와서 살게 했거든요. 그래서 예전처럼 많은 사람들이 살지는 않았답니다.

울릉도의 생태계

울릉도는 제주도처럼 해양성 기후 지역이라 같은 위도상에 있는 다른 지역들에 비해 따뜻한 편이에요. 후박나무, 동백나무 등 온난성 식물들이 많이 자라고 또 육지와는 떨어져 있어 울릉도만의 특이한 식물들도 있는데 섬단풍나무, 섬벚나무 등이에요. 조류의 경우 천연기념물인 흑비둘기를 비롯해 대략 60여 종이 살고 있어요. 동물의 경우 큰 동물들은 거의 없는 편이며, 개구리는 많지만 천적인 뱀은 살기 어려운 환경이래요. 바다에는 다양한 어류와 패류들이 서식하고 있으며 특히 오징어가 유명해요.

도일선

안용복 동상

세계 최초의 비행기를 만든
정평구

연도: 1566(추정) ~ 1624(추정)
시대: 조선
직업: 발명가

　임진왜란 때 일본은 전라도로 진격하기 위해 진주성을 포위하여 공격했어요. 6일간의 대접전 끝에 일본을 물리쳤는데 정평구의 활약이 컸어요. 정평구는 대나무와 소가죽으로 커다란 연을 만들어 하늘로 타고 올라갔어요. 그리고 왜군들의 진영 위를 날며 가지고 올라간 화약을 뿌려 터지도록 했답니다. 하늘을 타고 올라간 이 기계가 바로 비거예요. 비거란 바람을 타고 공중을 날아다니는 수레를 뜻해요.

정평구는 성에 갇힌 성주를 구하기 위해서도 비거를 타고 성으로 들어갔어요. 성주를 태우고 약 10m 높이로 날아가 30리 밖에 이르러 내렸다고 해요. 또 비거는 진주성이 왜군에 포위되었을 때에도 외부와 연락을 할 수 있도록 해 주었어요. 비거는 복중을 두드려 바람을 일으켜 날아올랐으며 네 개의 바퀴가 있었어요. 미국의 라이트 형제가 발명한 비행기보다 무려 300년이나 앞선 세계 최초의 비행기가 바로 정평구가 발명한 비거랍니다.

조선의 과학자

이천 (1376~1451)

이천은 뛰어난 과학자로서 세종의 전폭적인 지지를 받았어요. 세종의 명으로 금속활자인 경자자와 갑인자를 만들었어요. 또한 표준저울을 만들어 전국에 배포하였고 중국에서 견문한 사륜차를 개발하였지요. 근정전의 화재에 대비하여 갈고리를 장치하기도 하고 조선의 군함을 개량하고 돌이나 화살을 발사할 수 있는 무기인 노궁을 개발하는 등 조선의 과학 발전에 크게 기여했답니다.

장영실 [1390(추정) ~ 1450(추정)]

노비 출신인 장영실은 신분의 굴레를 뛰어넘은 조선 최고의 발명왕이랍니다. 세종의 총애를 받은 그는 관노의 신분을 벗고 궁정기술자로 활약하게 되었어요. 장영실은 조선 최초의 천문관측대인 간의대를 비롯하여, 천체의 위치나 움직임 등을 살피고 기록하는 기구인 간의와 혼천의를 만들었어요. 또 해시계와 물시계를 만들고 비의 양을 효과적으로 잴 수 있는 측우기를 발명했지요. 이밖에도 이루 헤아릴 수 없을 정도로 많은 발명품을 만들어 냈답니다.

홍대용 (1731~1783)

서른다섯의 나이로 머나먼 중국 땅에 가게 된 홍대용은 우물 안 개구리에서 벗어나 서구 문물을 받아들이게 되었어요. 특히 과학에 관심이 많았던 홍대용은 그곳에서 망원경으로 태양을 관찰하고, 천문 기구의 제작법과 사용법을 배웠지요. 천문, 역법 등을 연구하면서 조선이 중국 중심의 세계관에서 벗어날 것을 강조하였어요. 또 지구가 하루에 한 번씩 자전하기 때문에 낮과 밤이 생긴다고 주장하였어요.

혼천의

앙부일구

물시계

임시정부의 이론가
조소앙

연도 : 1887~1958
시대 : 일제 강점기
직업 : 독립운동가

조소앙은 성균관에 최연소 입학을 할 정도로 명석했어요. 졸업 후 황실 유학생으로 뽑혀 일본으로 유학을 떠났지요. 일본에 나라를 빼앗기자 조소앙은 유학생들과 함께 항일운동을 벌였어요. 일본에서 유학을 마치고 중국으로 떠난 조소앙은 상해 최초의 독립운동단체인 동제사를 박달학원으로 개편하고 이곳에서 독립운동을 할 청년들을 가르쳤지요. '대동단결선언', '대한독립선언서' 등 우리나라의 독립을 선언하는 글을 쓰기도 했답니다.

　3·1 만세운동 이후 국내외에 임시정부가 설립되었어요. 이때 조소앙은 국내와 상해의 임시정부에서 주도적인 역할을 했어요. 임시정부의 건국강령이 된 '삼균주의'를 주장하였지요. 삼균주의란 개인과 개인, 민족과 민족, 국가와 국가 간에 '완전한 균등'을 주창하는 사상이랍니다. 이 삼균주의를 바탕으로 임시정부는 독립운동의 거점이 되었어요. 조소앙은 또 세계 여러 연합국을 상대로 활발한 외교활동을 펼쳤어요. 끊임없는 외교활동 끝에 대한민국은 '카이로 선언'과 '포츠담 선언'에서 독립을 보장받게 되었어요.

포츠담 선언

제2차 세계 대전 종결 직전인 1945년, 연합국의 지도층은 독일 포츠담에 모여 회담을 했어요. 독일에 대한 처리 문제와 패망이 확실한 일본에 대한 처리가 주된 내용이었지요. 이 회담에서 일본의 무조건 항복과 한국의 독립을 담은 포츠담 선언이 발표되었어요. 일본이 이를 거부하자 결국 원자 폭탄이 투하되었고 일본은 항복하였어요.

카이로 선언

제2차 세계 대전 말기인 1943년, 이집트의 카이로에서 개최된 두 차례의 회담을 카이로 회담이라 해요. 세계 지도자들은 세계대전의 수행과 전후 처리 문제를 협의하기 위해 카이로에서 두 차례의 회담을 했어요. 주로 일본에 대응하는 문제에 대해서 합의하였고, 특히 처음으로 한국 독립문제가 언급된 회담이지요. 이 회담을 통해 발표한 카이로 선언에서는 태평양상 일본령 제도의 박탈, 일본이 중국에서 빼앗은 모든 영토의 반환, 한국의 독립과 연합국은 일본의 무조건 항복까지 협력하여 싸울 것 등을 밝혔어요.

대한민국 임시 정부

1919년 3월 1일 경성(京城)에서 선포된 3·1 독립선언에 기초하여 일본 제국의 대한제국 침탈과 식민 통치를 부인하고 한반도 내외의 항일 독립운동을 주도하기 위한 목적으로 설립된 대한민국의 임시 정부입니다. 1919년 4월 11일 중국 상하이에서 설립되었으며, 같은 해 9월 11일에는 경성(서울)과 러시아 연해주 등 각지의 임시 정부들을 통합하여 상하이에서 단일 정부를 수립하였다.

1919년 4월 11일 임시 헌법을 제정하여 국호는 '대한민국'으로 하였고, 정치체제는 '민주공화국'으로 하였다. 대통령제를 도입하고 입법·행정·사법의 3권 분리 제도를 확립하였습니다. 대한제국의 영토를 계승하고 구 황실을 우대한다고 명시하였다. 초대 임시 대통령은 이승만이 맡았으나 탄핵당하였고, 이후 김구가 주석을 맡았다. 대한민국 임시 정부 하에서 윤봉길 의사의 의거, 한국광복군 조직 등 독립운동을 활발하게 전개·지원하였고, 중국 국민당, 소련, 프랑스, 영국, 미국 등으로부터 경제적·군사적 지원을 받았습니다.

독립 운동가

김규식

연도 : 1881~1950
시대 : 일제 강점기
직업 : 독립운동가

　김규식은 양반 관리의 아들로 태어났어요. 하지만 아버지가 일제의 부당함을 지적하는 상소를 올렸다가 귀양을 떠나고 어머니마저 충격으로 세상을 떠나 4살에 고아가 되었어요. 김규식은 미국 선교사인 언더우드 목사에게 입양되어 서양식 교육을 받고 자랐지요. 독립협회의 활동에 큰 관심을 보이던 김규식은 미국 유학길에 올랐어요. 그는 영어를 비롯한 8개 국어를 구사할 정도로 뛰어난 외국어 실력을 갖추게 되었어요.

우수한 성적으로 유학을 마친 김규식은 고국으로 돌아왔어요. 하지만 당시 우리나라는 일제의 탄압으로 매우 힘든 시기였어요. 김규식은 다시 중국으로 가 독립운동의 기반을 닦았어요. 독립운동을 할 청년들을 가르치며 임시정부의 수립을 제의하였지요.

김규식은 뛰어난 외국어 실력을 바탕으로 해외에 나가 독립을 위해 노력했어요. 우리나라의 상황을 알리며 도움을 요청하기도 했지요. 김규식은 탁월한 외교활동가이자 독립운동가였답니다.

독립협회

독립 협회는 여러 강대국이 우리나라를 넘보던 조선 말기에 개화파의 영향을 받은 사람들이 세운 단체예요. 국민을 계몽시켜 나라를 부강하게 만드는 것이 목적이었지요. 정부 지원금을 받아 만든 〈독립신문〉은 한글로 인쇄되어 우리나라와 외국의 소식을 전했어요. 또 영은문 대신 독립문을 세워 더 이상 중국에 기대는 외교를 하지 않겠다는 자주독립의 의지를 보여주었지요.

서재필 (1864~1951)

서재필은 조선의 자주독립과 근대화를 목표로 갑신정변을 일으킨 인물이에요. 그 후 일본에 이어 미국으로 건너가 서구식 자유 민주주의 사고를 갖게 되었어요. 우리나라의 독립은 교육에 달렸다고 생각한 그는 귀국 후 민족 계몽에 앞장섰어요. 〈독립신문〉을 창간하고 독립협회를 세웠지만 열강에 의해 미국으로 추방당했어요. 하지만 그곳에서도 외교통신부를 세우고 독립운동을 이어 갔답니다.

일제가 가장 무서워했던 독립 운동가
김원봉

연도 : 1898~1958
시대 : 일제 강점기
직업 : 독립운동가

김원봉은 어릴 때부터 독립 의식이 투철했어요. 학교에서 일본 왕의 생일을 맞아 일장기를 걸자 그것을 변소에 버리고 말아요. 이 때문에 퇴학당한 후 독립운동을 위해 중국으로 떠나지요. 김원봉은 스물한 살의 나이에 의열단을 조직하고 단장이 되었어요. 의열단은 일제와 친일파를 암살하고 주요 기관을 폭파하는 무장 독립 투쟁 단체였어요. 또 조선 의용대와 상하이 임시정부 군무부장을 지내는 등 김구와 더불어 독립을 이끄는 양대 축이 되었답니다.

김원봉은 일제 강점기 최고의 현상금이 걸린 독립운동가로도 유명해요. 당시 일본이 건 김원봉의 현상금은 100만 원이었어요. 당시 김구의 현상금이 60만 원이었으니 독립운동에서 김원봉의 위치가 어느 정도였는지 짐작할 수 있지요. 당시 100만 원은 지금의 320억 이상의 가치랍니다. 항일 무장투쟁을 주도하며 대규모 암살 계획 및 동양척식주식회사 등에 대한 폭탄 투척 사건 등을 배후에서 지휘한 김원봉, 바로 일본이 가장 무서워했던 독립운동가랍니다.

의열단

3·1 운동 이후, 일제의 무력에 대항하여 더 조직적이고 강력한 단체가 필요하다고 생각한 독립운동가들이 있었어요. 그들이 1919년 만주에서 조직한 항일 무력독립운동 단체가 바로 의열단이에요. 의열단은 항일비밀단체로 암살과 파괴, 폭파라는 과격한 방법을 통해 적극적으로 독립운동을 해 나갔지요. 의열단은 과감하고 과격한 적극 투쟁과 희생정신을 강조했어요. 일제의 우두머리들과 매국노, 친일파, 밀정 등을 암살 대상으로, 일본의 중요 기관을 파괴 대상으로 삼았지요.

의열단 공약 10조

1. 천하에 정의로운 일을 맹렬히 실행하기로 한다.
2. 조선의 독립과 세계의 평등을 위하여 몸과 목숨을 희생하기로 한다.
3. 충의(忠義)의 기백과 희생의 정신이 확고한 자라야 단원으로 한다.
4. 단의 뜻을 우선하고 단원의 뜻을 실행하는데 속히 한다.
5. 의백(義伯: 올바른 성품을 가진 지도자)을 선출하여 단체를 대표하게 한다.
6. 언제 어디서든지 매월 일차씩 상황을 보고하게 한다.
7. 언제 어디서든지 모이도록 요청하면 꼭 응한다.
8. 죽음을 피하지 아니하여 단의에 뜻을 다한다
9. 한 사람(의백)은 다수를 위하여, 다수는 한 사람을 위하여 헌신한다.
10. 단의 뜻에 배반한 자는 학살한다.

세계 최강 당나라 군대를 물리친
양만춘

연도 : ? ~ ?
시대 : 삼국
직업: 성주, 장수

  고구려의 실권자였던 연개소문이 쿠데타를 일으켜 영류왕을 시해하는 일이 벌어졌어요. 그러자 당나라의 태종은 연개소문을 혼내준다는 명분을 내세워 고구려에 쳐들어왔지요. 당 태종이 이끌던 당나라 군대는 요동 지방의 성 대여섯 개를 격파했어요. 그리고 마침내 안시성에 이르렀지요. 안시성은 이미 연개소문이 보낸 군사로부터 성을 지켜낸 양만춘이 주인인 성이었지요. 그만큼 양만춘은 싸움을 잘하는 장수였어요. 당나라 군대는 자신이 없었지만 어쩔 수 없이 안시성을 차지하기 위해 전투를 시작했어요.

양만춘은 성안에서 북과 장구를 치며 당나라 군대를 약 올렸어요. 아무리 당나라 군대가 애를 써도 안시성의 문은 열리지 않았지요. 고구려에서 승승장구하던 당 태종은 안시성에서 당군의 피해가 커지자 당황했어요. 안시성 옆에 성벽보다 높은 흙산을 쌓았지만 오히려 고구려군에게 빼앗기고 말았어요.

결국 전투가 시작된 지 3개월 만에 당나라 군대는 안시성에서 물러났어요. 양만춘의 지휘로 고구려는 당 태종을 물리치고 위태로웠던 고구려를 살려냈답니다.

살수대첩

6세기 후반이 되자 중국은 통일국가인 수나라가 지배했어요. 그러면서 고구려와 서로 대립하게 되지요. 수나라 양제는 113만 대군을 직접 이끌고 고구려에 쳐들어왔어요. 하지만 고구려는 요동성을 굳건히 지키며 수나라 군대에 맞섰지요. 4개월이 넘도록 요동성을 무너뜨리지 못하자 수나라 군대는 평양성을 공격하기로 했어요. 하지만 을지문덕 장군의 유도 작전에 말려 지금의 살수(청천강)에서 전멸하고 말았어요. 이것이 바로 살수대첩이랍니다.

을지문덕

을지문덕은 수나라 30만 대군을 살수에서 전부 몰살시킨 장군으로 강대했던 수나라를 멸망에 이르게 한 영웅이에요. 침착하고 굳센 성격으로 글 짓는 솜씨도 비범하여 문무를 겸비한 인물이었지요. 큰 나라의 군대 200만 명을 맞이하면서도 전혀 겁내지 않았고 힘만으로 무찌를 수 없음을 알자 지혜롭게 작전을 짰답니다. 을지문덕은 앞으로 나아갈 뿐 절대 물러서지 않겠다는 의연한 기상을 지닌 장군이었어요.

● 책 속 부록 ●
「한국을 빛낸 100명의 위인들」 노래 가사

1

아름다운 이 땅에 금수강산에
단군 할아버지가 터 잡으시고
홍익인간 뜻으로 나라 세우니
대대손손 훌륭한 인물도 많아
고구려 세운 동명왕 백제 온조왕
알에서 나온 혁거세
만주벌판 달려라 광개토대왕
신라 장군 이사부
백결 선생 떡방아 삼천궁녀 의자왕
황산벌의 계백 맞서 싸운 관창
역사는 흐른다

2

말 목 자른 김유신 통일 문무왕
원효대사 해골 물 혜초 천축국
바다의 왕자 장보고 발해 대조영
귀주대첩 강감찬 서희 거란족
무단 정치 정중부 화포 최무선
죽림칠현 김부식
지눌국사 조계종 의천 천태종
대마도 정벌 이종무
일편단심 정몽주 목화씨는 문익점
해동공자 최충 삼국유사 일연
역사는 흐른다

3

황금을 보기를 돌같이 하라
최영 장군의 말씀 받들자
황희 정승 맹사성 과학 장영실

신숙주와 한명회 역사는 안다
십만양병 이율곡 주리 이퇴계
신사임당 오죽헌
잘 싸운다 곽재우 조헌 김시민
나라 구한 이순신
태정태세문단세 사육신과 생육신
몸바쳐서 논개 행주치마 권율
역사는 흐른다

4

번쩍번쩍 홍길동 의적 임꺽정
대쪽같은 삼학사 어사 박문수
삼 년 공부 한석봉 단원 풍속도
방랑 시인 김삿갓 지도 김정호
영조 대왕 신문고 정조 규장각
목민심서 정약용
녹두 장군 전봉준 순교 김대건
서화가무 황진이
못살겠다 홍경래 삼일천하 김옥균
안중근은 애국 이완용은 매국
역사는 흐른다

5

별 헤는 밤 윤동주 종두 지석영
삼십삼인 손병희
만세 만세 유관순 도산 안창호
어린이날 방정환
이수일과 심순애 장군의 아들 김두한
날자꾸나 이상 황소 그림 중섭
역사는 흐른다

신분을 뛰어넘은 여성 사업가
김만덕

연대 : 1739-1812
시대 : 조선
직업 : 상인

흑백으로 된 곳을 좋아하는 색깔로 칠해보세요.

조선의 독도 지킴이
안용복

연도 : 1658(추정)~?
시대 : 조선
직업 : 어부

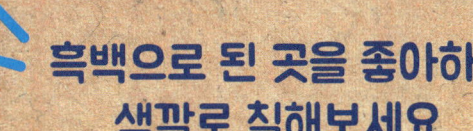 흑백으로 된 곳을 좋아하는 색깔로 칠해보세요.

세계 최강 당나라 군대를 물리친
양만춘

연도 : ? ~ ?
시대 : 삼국
직업: 성주, 장수

흑백으로 된 곳을 좋아하는
색깔로 칠해보세요.

'한국을 빛낸 100명의 위인들'에 더하고 싶은 나만의 위인들

	이름	업적(이룬 성과)	내가 존경하는 이유
1			
2			
3			
4			
5			
6			
7			
8			
9			
10			